TRAITÉ

SUR

L'INFANTERIE LÉGÈRE,

PRÉCÉDÉ D'UNE

NOTICE HISTORIQUE DE CETTE ARME, DEPUIS LES TEMPS
LES PLUS RECULÉS JUSQU'A NOS JOURS,

PAR

le baron Joseph de BEURMANN,

Rapporteur près le 2ᵉ conseil de guerre de la 1ʳᵉ division militaire,
ancien Capitaine de grenadiers au 55ᵉ de ligne, et ex-Sous-
Lieutenant au 10ᵉ régiment d'infanterie légère.

2ᵉ ÉDITION.

REVUE ET SUIVIE DE NOTES.

In pedibus robur.
Végèce.

PARIS,

LIBRAIRIE MILITAIRE,

J. DUMAINE, LIBRAIRE-ÉDITEUR DE L'EMPEREUR,

Rue et passage Dauphine, 30.

1854

TRAITÉ

SUR

L'INFANTERIE LÉGÈRE.

Imprimerie de COSSE et J. DUMAINE, rue Christine, 2.

TRAITÉ

SUR

L'INFANTERIE LÉGÈRE,

PRÉCÉDÉ D'UNE

NOTICE HISTORIQUE DE CETTE ARME, DEPUIS LES TEMPS
LES PLUS RECULÉS JUSQU'A NOS JOURS,

PAR

le baron Joseph de BEURMANN,

Rapporteur près le 2e conseil de guerre de la 1re division militaire,
Ancien capitaine de grenadiers au 55e de ligne, et ex-Sous-
Lieutenant au 19e régiment d'infanterie légère.

2e ÉDITION.

REVUE ET SUIVIE DE NOTES.

In pedibus robur.
Virgile.

PARIS.

LIBRAIRIE MILITAIRE.

J. DUMAINE, LIBRAIRE-ÉDITEUR DE L'EMPEREUR,
Rue et passage Dauphine, 30.

1854

AVIS DE L'AUTEUR.

———

C'est à l'armée, pendant la campagne de 1823, en Espagne, que j'ai conçu le projet de mon Traité sur l'infanterie légère.

Rentré en France, je me mis à l'œuvre, et mon ouvrage terminé, je le soumis à l'opinion de l'illustre général Maximilien Lamarque.

Cet officier général, ancien ami de mon père, qui avait eu l'honneur de servir sous ses ordres, à l'armée de Catalogne, eut la bonté de m'encourager à compléter mon travail, en le faisant pré-

céder d'une notice historique de l'arme,
ce que je fis avant de le soumettre à
M. le maréchal Maison, ministre de la
guerre en 1835.

M. le maréchal Maison, m'ayant fait
connaître, en 1836, l'opinion favorable
du comité consultatif de l'infanterie sur
mon Traité, ainsi qu'on peut le voir par
la lettre ci-après, je me décidai à le faire
imprimer, et il fut édité en 1836 même,
par M. Gautier-Laguionie.

Cette première Edition, étant épuisée
depuis plusieurs années, j'ai pensé rendre un nouveau service à l'armée, en pu-
bliant une nouvelle Edition accompagnée
de notes : puisse-t-elle être accueillie
aussi favorablement que la première.

MINISTÈRE
DE LA GUERRE.

—

Division du Personnel.

Copie d'une lettre de M. le général comte de Schramm, au capitaine Beurmann.

Je vous ai informé, Monsieur, par une lettre du 30 juillet 1835, que vos observations sur l'organisation de l'infanterie légère avaient été envoyées à l'examen du comité de l'infanterie et de la cavalerie.

D'après le compte qui m'en a été rendu. j'ai reconnu que votre Mémoire renferme des remarques judicieuses et des vues utiles, mais que les questions qui y sont soulevées ne pourraient être traitées et résolues qu'autant qu'on reconnaîtrait la nécessité d'organiser l'infanterie légère sur de nouvelles bases.

Votre Mémoire serait, d'ailleurs, consulté, si l'on jugeait utile et opportun d'apporter des changements au système d'organisation de l'infanterie légère.

Je ne puis qu'applaudir aux bonnes intentions qui vous ont fait entreprendre ce travail ; j'y vois une nouvelle preuve de votre zèle, et du désir que vous avez d'étendre vos connaissances militaires.

Le maréchal, ministre de la guerre,

Par son ordre,

Le lieutenant général directeur,

Signé : Vicomte DE SCHRAMM.

Paris, le 20 janvier 1836.

INTRODUCTION.

Frédéric le Grand a dit que les troupes légères sont, pour le général, le flambeau qui doit toujours l'éclairer sur la situation, les mouvements et la nature des desseins de l'ennemi.

Cette sentence est frappante de vérité, et elle suffit pour nous donner une idée exacte sur l'importance de l'infanterie légère.

N'ayant jamais pu comprendre que nous, Français, si haut placés en fait d'institutions et de gloire militaires, soyons restés en arrière de tous nos voisins, pour l'organisation de nos troupes légères, et sentant combien il serait nécesssaire de les reconstituer, pour pouvoir en tirer tous les avantages qu'elles offrent à l'armée, sur laquelle elles ont une grande influence, je n'ai pas hésité, malgré mes craintes sur l'insuffisance de mes moyens, à me rendre aux vœux de presque tous les officiers qui ont étudié l'art de la guerre, en cherchant à mettre mes idées en harmonie avec celles de nos nombreux auteurs militaires qui ont traité de cette arme (1).

On ne saurait donc trop tôt songer à une nouvelle organisation pour nos vingt et un régiments d'infanterie légère (2) qui n'en portent que le nom, et qui sont si éloignés des vrais principes de leur institution primitive : c'est dans ce but que je viens proposer un mode d'organisation tout à fait différent de celui de la ligne, et qui, selon moi, doit avoir un grand avantage sur celui qu'on a adopté depuis trop longtemps pour le bien du service.

---

(1) Aujourd'hui, nous sommes heureux et fier de voir nos dix bataillons de chasseurs à pied organisés d'après les principes de notre *Traité*.

(2) Nous comptons aujourd'hui vingt-cinq régiments d'infanterie légère, qu'on pourrait transformer en autant de bataillons de chasseurs à pied.

En effet, en temps de guerre, l'on éprouve la
nécessité de couvrir le front de nos bataillons
par des tirailleurs, d'éclairer la marche de nos
colonnes par des troupes qui puissent fouiller le
pays qu'elles parcourent, desorte qu'on se trouve
obligé de consacrer dans chaque bataillon une
compagnie de voltigeurs ou du centre, ou bien
encore un nombre quelconque de soldats, pour
faire ce service. Mais ces soldats ne peuvent remplir leur mission qu'assez imparfaitement, vu
qu'ils ne connaissent pas à fond cette manœuvre.
Du reste, qu'arrive-t-il ? C'est que les mêmes
soldats, placés tantôt en tirailleurs, tantôt en
ligne, reçoivent de leurs chefs des ordres opposés
qui brouillent leurs idées et les confondent. C'est
ainsi que nous gâtons les soldats de bataille par
le métier de tirailleurs, en les habituant à quit-
ter leurs rangs, et que l'habitude de manœuvrer
en ligne les rend pesants pour le service des
troupes légères, où il faut des hommes vifs, intel-

ligents et débarrassés de ce surcroît de charge dont ils sont accablés.

L'homme, en général, n'a qu'une sphère d'intelligence fort circonscrite, et, lorsqu'on lui demande des choses différentes, il les confond, les exécute mal et à contre-temps.

Quand on veut réussir dans un art quelconque, il faut s'y livrer exclusivement: mais, si l'on en embrasse plusieurs à la fois, on n'obtient qu'un succès médiocre.

La sûreté d'une armée, la justesse des mesures qui influent si directement sur ses succès, dépendent immédiatement de la vigilance, de l'instruction et des forces des troupes légères comparées à celles de l'ennemi.

Il est donc urgent que nous organisions notre infanterie légère et que nous l'instruisions de ses devoirs en campagne, de façon qu'elle ne laisse rien à désirer sur ces divers objets, et qu'elle puisse se mesurer avec un avantage certain contre celle de l'ennemi.

L'infanterie légère étant le flambeau du général, doit nécessairement se porter rapidement d'un point à un autre, surprendre son ennemi avec audace ; elle doit enfin tout voir sans être vue : car c'est de la célérité de ses marches, de ses manœuvres et de l'imprévu de ses mouvements, que dépendent toujours les succès de ses missions. Il faut donc pour cela qu'elle soit composée d'hommes nerveux, lestes et légers à la course, armés et équipés plus légèrement que ceux de la ligne ; que son habillement et sa coiffure soient tels que l'on évite tout ce qui brille, afin qu'on l'aperçoive le moins possible, surtout dans les marches de nuit.

Les pays méridionaux de la France sont ceux où l'on doit recruter de préférence l'infanterie légère : car on trouve dans les Alpes et les Pyrénées, comme dans les Cévennes, des hommes habitués dès leur plus tendre enfance aux plus grandes fatigues, aux privations, aux ruses de guerre de montagne (1) ; ils sont lestes, nerveux et très-intelligents, par conséquent très-propres au service de cette arme.

Ainsi, traiter sur la nouvelle organisation à donner à notre infanterie légère ; traiter de son éducation militaire, de ses devoirs en campagne, de son armement, de son équipement, de son habillement et de sa coiffure, tel est le but de cet ouvrage que je livre à la critique de mes anciens frères d'armes, dont je réclame toute l'indulgence, si je n'ai pas le bonheur d'être de leur avis, en les priant aussi d'excuser le style d'un soldat, qui ne veut et ne peut avoir la prétention d'écrire élégamment.

---

(1) Les habitants de nos montagnes frontières font généralement la contrebande à main armée, ce qui leur fait employer mille ruses qui deviennent une bonne école pour les hommes destinés au service de l'infanterie légère.

DIVISION DE L'OUVRAGE.

Ier CHAPITRE.

Notice historique sur l'infanterie légère ; de son influence sur les mouvements secondaires de la guerre, où elle joue le rôle principal, et sur ceux de la grande guerre, où elle se trouve subordonnée.

IIe CHAPITRE.

De l'organisation par bataillon, préférable à celle par régiment ; de son recrutement et de ses divers dépôts.

IIIe CHAPITRE.

De l'armement, équipement, habillement et coiffure à lui donner, et de son administration.

IVe CHAPITRE.

De son éducation militaire, de ses exercices, de ses manœuvres et de son service en campagne.

Ve CHAPITRE.

Des différents cours auxquels on devra assujettir les jeunes officiers ; de la bibliothèque du corps ; des écoles régimentaires pour les sous-officiers et soldats ; des enfants de troupe.

NOTES.

TRAITÉ

SUR

L'INFANTERIE LÉGÈRE.

CHAPITRE PREMIER.

Notice historique sur l'infanterie légère, de son influence sur les mouvements secondaires de la guerre, où elle joue le rôle principal, et sur ceux de la grande guerre, où elle se trouve subordonnée.

L'origine de l'infanterie légère remonte aux premiers combats, et son institution se trouve consacrée par l'histoire des guerres ancienne et modernes.

L'antiquité nous a laissé les monuments les plus précieux, pour servir à l'étude de l'art de la guerre : tels sont, en première ligne, les mémoires de Jules-César, Végèce, Hérodote, Élien, Diodore, Arien et Polybe ; mais nul ne s'est élevé au-dessus du premier.

2

En effet, le lecteur dévore ces récits animés, énergiques et rapides de ces guerres contre les Gaulois.

Jules-César ne se contente pas de nous raconter les victoires qu'il remporta pendant douze ans sur cent peuples divers, il nous instruit aussi de leurs mœurs, des coutumes de nos aïeux, de leur manière de faire la guerre, et de la composition des différentes armées ; enfin, il ne néglige rien pour intéresser son lecteur, et l'on peut dire avec Montaigne que ses *Commentaires* doivent être le bréviaire de tous les militaires.

C'est, par conséquent, en parcourant ces récits si intéressants, que nous voyons que les Romains, nos grands maîtres dans l'art de l'organisation des armées, avaient pour troupes légères leurs célères, leurs vélites et leurs férentaires (1); qu'ils avaient quarante vélites par cohorte (2), qui étaient chargés des reconnais-

-----

(1) Les férentaires étaient des troupes auxiliaires.

(2) La cohorte romaine était forte de 5 à 600 hommes.

sances, des escarmouches, de poursuivre l'ennemi en déroute. On choisissait ces vélites dans
le peuple peu fortuné : c'étaient des jeunes gens
lestes, armés d'une épée et d'une parme (1); les
férentaires avaient pour arme l'épée, les flèches
et la fronde.

L'on voit dans toutes les campagnes des Romains l'emploi des troupes légères : Pompée avait
reçu deux cohortes de frondeurs dans le secours
que Scipion lui amenait de Syrie (2).

Labienus mit aussi en pratique le mélange
de la cavalerie avec l'infanterie légère, en
se précipitant sur les cavaliers romains (3).

Lorsque César suivit les Suisses après le passage de la Saône, durant la guerre des Gaules,
nous voyons qu'il eut soin de placer à l'avant-

---

(1) La parme était un grand bouclier pour mettre
l'homme à couvert.

(2) An avant J.-C. (46); de Rome, 607.

(3) An avant J.-C. (44); de Rome, 609. Guerre
d'Afrique.

garde de sa cavalerie ses troupes légères, sous les ordres de P. Considius, qui avait fait la guerre sous Sylla et Crassus ; on voit aussi que, dans la guerre civile de Rome, César s'étant un jour emparé, avec la neuvième légion, d'une hauteur où il commençait à se fortifier, Pompée s'empara de la hauteur voisine, et se mit à le troubler dans son travail, et, comme il pouvait y aborder par un sentier uni, il envoya d'abord contre César ses archers et ses frondeurs, qu'il fit soutenir ensuite par le reste de son infanterie légère (1).

Dans la guerre de Jugurtha, nous voyons Metellus, consul romain, se tenir lui-même aux premiers rangs avec l'élite des frondeurs et des troupes légères, et, après avoir reconnu le piége que lui tendaient les Numides, qui l'avaient devancé par une marche rapide à travers des sentiers secrets, et après avoir jeté des frondeurs et des archers dans les bataillons, nous le voyons

---

(1) En manœuvrant ainsi, ces deux généraux étaient dans les vrais principes de la guerre de montagnes.

encore employer avec avantage toutes ses troupes légères, qui vont tracer un camp près du fleuve (1), sous les ordres de Rutilius.

César, dans la guerre contre Arioviste, fit usage de sa troupe légère pour connaître la position de l'ennemi, ce qui nous prouve qu'à cette époque on appréciait déjà l'utilité de cette arme spéciale pour les grandes reconnaissances. Les Grecs, qui se sont distingués à Marathon, à Salamine, qui se sont couverts de gloire à Leuctres et aux Thermopyles, avaient trois sortes de soldats : les uns armés à la légère, d'autres moins légèrement, et les derniers pesamment armés.

La phalange grecque, invincible lorsqu'elle était attaquée par des masses, a pu être détruite par l'infanterie légère : ainsi, Philippe contre les Phocéens, et Alexandre contre les Thraces, senti-

---

(1) Ce fleuve se trouve en Numidie, près de Vacca, ville très-commerçante et très-peuplée de marchands italiens : il prend sa source au midi et se nomme Muthul.

rent le désavantage de combattre dans un pays montagneux et hérissé d'obstacles ; les troupes légères y parvinrent presque sans danger, ce qui prouve aussi la grande influence qu'exerçait déjà cette arme dans les temps les plus reculés, où l'art de la guerre se trouvait encore à son berceau.

Dans la retraite des Dix mille, deux cents Rhodiens armés de frondes furent détachés de la phalange par les ordres de Xénophon, pour écarter les frondeurs des Perses qui la harcelaient.

Les Parthes, si vantés pour leur adresse et leur agilité, détruisirent, dans les plaines de la Mésopotamie, les légions de Crassus. Hippocrate l'Athénien a dit qu'un corps d'armée ressemblait à un corps humain, dont le général en chef serait la tête, les officiers les nerfs, l'infanterie de ligne le buste, la cavalerie les pieds, et dont l'infanterie légère serait les mains ; ce qui fait dire à un écrivain militaire que les troupes légères sont nécessaires à l'armée comme les mains au corps de l'homme pour atteindre de loin (1).

---

(1) Il serait mieux de dire : comme les yeux à l'homme pour voir de loin.

Depuis que les principes stratégiques, qui prescrivent aux corps pesants de n'avancer qu'avec prudence et lenteur, de ne pas s'éloigner de leurs dépôts et de leurs réserves, de s'arrêter et de se renfermer sur chaque nouvelle ligne d'opérations, ont exigé l'emploi d'un grand nombre de troupes légères pour établir les communications des corps entre eux, pour les rattacher à leurs réserves et à leurs dépôts, pour reconnaître et tenir l'ennemi en respect, nous avons vu toutes les puissances européennes former plus ou moins, et sous différentes dénominations, leur infanterie légère.

L'Autriche, qui a un régiment de carabiniers tyroliens, ses chasseurs du loup, plus douze bataillons de chasseurs, qui sont de neuf cents hommes chacun, en temps de paix, et de douze cents en temps de guerre, avait, à l'époque du perfectionnement des armes, ses croates, ses pandoures, ses talpaches (1), qui, recrutés en Hongrie, en Esclavonie et en Croatie, étaient composés d'hommes habitués à une vie sauvage, et

----

(1) Les talpaches étaient de l'infanterie hongroise.

qui faisaient le plus grand mal à leurs ennemis par leurs attaques de jour et de nuit.

La Russie possède 80,000 hommes de chasseurs à pied, pour 763,000 hommes, dont se compose l'effectif de l'armée en temps de paix.

La Prusse nous a prouvé, malgré ses défaites, l'excellence de ses troupes légères, et elle possède aussi de nombreux bataillons de chasseurs.

Les miquelets espagnols, composés de montagnards basques et catalans, ne le cédaient pas aux barbets sardes recrutés dans les Alpes, et leurs nombreuses guérillas, ainsi que leurs bataillons de casadores, ont toujours prouvé l'excellence de leur organisation.

Enfin, tous nos voisins ont leur infanterie légère, et il est à remarquer que partout nous la trouvons organisée selon les principes de son institution; il n'y a que nous Français qui, malgré les leçons du passé et les besoins du présent, n'ayons pas encore compris toute l'importance d'une organisation spéciale pour cette arme (1).

____

(1) Lors de la publication de la première édition de cet ouvrage, nous n'avions pas encore nos dix batail-

Il est vrai que nous eûmes, en principe, les arquebusiers qui étaient destinés à tirailler, et les piquiers qui combattaient de pied ferme : témoin la bataille de Pavie qui se donna en 1525, où les arquebusiers basques, jetés en tirailleurs sur le front de la gendarmerie française, lui firent éprouver de si grandes pertes par leur feu meurtrier, qu'ils décidèrent du succès de la journée.

Le mousquet remplaça l'arquebuse après le perfectionnement des armes introduites en France, et nous eûmes les mousquetaires qu'on appelait aussi enfants perdus, parce qu'ils éclairaient les marches et engageaient les combats.

Les guerres de la Révolution, en faisant prendre à l'art militaire un essor si brillant, n'ont fait que révéler de plus en plus l'utilité des corps de tirailleurs. Dans les nombreuses armées de 1793, qui surgirent de notre sol comme par enchantement pour couvrir nos frontières, qui, formées à la hâte, par une levée en masse, n'avaient

---

lions de chasseurs, et ce n'est qu'en 1840 qu'on les organisa au camp de Saint-Omer.

que leur brillant courage à opposer à l'adresse des Tyroliens et des chasseurs du loup de l'Autriche, nos généraux sentirent le besoin de suppléer promptement à notre inexpérience militaire par la formation des corps francs, et en exerçant notre infanterie légère au service de tirailleurs : aussi ce genre de guerre prit tellement faveur en ces temps difficiles de la République, que les combats les plus importants furent toujours couronnés des plus brillants succès par des attaques en tirailleurs (1).

Lorsque le fusil à baïonnette devint l'arme commune à toute l'infanterie, cette similitude des armes conduisit par degrés à confondre ces deux espèces de troupes, dont le service est bien différent : alors il n'y eut plus d'infanterie légère.

Après la Révolution de 89, nous avions pour troupes légères les bataillons de chasseurs des Cévennes, du Vivarais, des Alpes, de Corse, des Pyrénées, qui formèrent ensuite nos demi-bri-

---

(1) L'intelligence du soldat français le rend plus que tout autre propre au métier de tirailleurs, mais ce n'est pas un motif pour en abuser.

gades d'infanterie légère, qui étaient toujours les têtes de colonnes de nos divisions, mais qui ne différaient de l'infanterie de bataille que par l'uniforme, car, armés et équipés de même, recevant la même instruction, leur service aux armées était le même en tout et partout.

Aussitôt que l'illustre maréchal Gouvion-Saint-Cyr parut au ministère de la guerre, il reconstitua l'armée, et, sentant la nécessité de diviser notre infanterie en deux espèces bien distinctes, il ordonna que tels et tels départements fourniraient les légions de chasseurs; il changea l'uniforme, l'équipement et l'armement, mais il ne pensa pas à l'éducation militaire de cette arme, ou du moins on ne lui laissa pas le temps d'accomplir ses divers projets de réorganisation.

Depuis cette époque on changea nos légions en régiments de ligne, et soi-disant d'infanterie légère, sans remplir l'objet principal de cette organisation.

Ou aurait dû cependant se reporter en 93 : alors nous avions, outre nos demi-brigades légères, les légions françaises des Francs des montagnes, des Westermann, des Rosenthal, des Allobroges, qui, par leurs services importants rendus aux diverses armées, parlaient assez en faveur du remaniement de nos troupes légères. Mais non, au contraire, ces différents corps, qui ne firent que paraître un instant sur le théâtre de la guerre, furent même licenciés ou fondus dans d'autres, et on ne songea nullement à suivre le bon exemple de nos voisins, qui leur valut de nombreux succès.

Certes, cette organisation était encore bien vicieuse ; c'était celle qu'avait commandée le moment critique dans lequel se trouvait alors la France ; tout s'était organisé à la hâte, par conséquent sans ordre, sans aucune combinaison : mais on aurait pu la conserver en y introduisant toutes les améliorations dont elle était susceptible, et alors nous n'eussions pas fait d'aussi rudes écoles dans nos guerres du Tyrol et d'Espagne, où le besoin d'une bonne infanterie légère se fit sentir plus d'une fois.

Je ne porterai pas plus loin mes recherches dans l'historique de cette arme, pour en prouver l'impérieux besoin, et je crois qu'on restera convaincu de l'importance d'une nouvelle organisation, qui la mette en harmonie avec le genre de service auquel elle se trouve subordonnée par sa nature même.

Il me reste néanmoins à parler de l'influence qu'elle exerce sur les différentes opérations de la petite guerre, comme sur celles de la grande guerre.

Je commencerai premièrement par définir l'expression de la petite guerre, et je dirai, avec le général Valentini, que toutes les opérations militaires qui n'ont pour objet que de favoriser celles d'une armée ou d'un corps d'armée, sans se rapporter immédiatement à la conquête ou à la défense d'un pays, sont celles qu'on doit comprendre sous la dénomination de la petite guerre.

La sûreté ou la garde du corps principal, et ces sortes d'affaires dans lesquelles on cherche seulement à nuire à l'ennemi, voilà proprement l'objet de la petite guerre, qui est l'école des troupes.

On ne peut espérer d'avantage dans la petite guerre, si les fractions des troupes qu'on y emploie ne possèdent l'art de se suffire à elles-mêmes.

L'intelligence, la pénétration, la finesse et la ruse, doivent caractériser depuis le chef jusqu'au soldat : or, de toutes les troupes, celles qu'on nomme troupes légères sont celles dont l'éducation est la plus propre à faire acquérir ces précieuses qualités, puisque celui qui est destiné à combattre isolément doit nécessairement savoir se soutenir quand il est abandonné à lui-même. C'est pourquoi, dans la petite guerre, on se sert de troupes légères plus volontiers que de toutes les autres.

Nous disons plus volontiers et non pas exclusivement, parce que les armées où l'instruction des troupes légères n'a pas une différence marquée avec celle des troupes de ligne, ces dernières peuvent être employées aussi utilement que les premières.

Le mouvement pouvant être considéré comme le véritable élément de la petite guerre, c'est encore un motif de plus pour employer des troupes légères : 1° à la sûreté de l'armée et de toutes ses parties ; 2° à l'établissement et à la conservation des communications qui doivent exister entre ces diverses parties pour en faire un tout ; 3° à la protection des convois, des vivres, des fourrages et du matériel ; 4° à la reconnaissance du terrain qui vous sépare de l'ennemi ; 5° enfin, à toutes les manières possibles de lui nuire, ce qui comprend les ruses au moyen desquelles on parvient souvent au résultat désiré, plus qu'en employant la force ouverte.

Nous avons dit que l'infanterie légère jouait le principal rôle dans la petite guerre, et qu'elle exerçait une grande influence sur ses mouvements, et, par contre-coup, sur ceux des grandes opérations auxquelles elle se trouve subordonnée.

En effet, puisque c'est l'infanterie légère qu'on doit choisir de préférence pour le service des avant-postes, de celui des convois et des reconnaissances, il est bien clair que, si elle ne remplissait pas bien le but désiré, l'armée serait compromise.

Quoique la petite guerre exige le concours de toutes les armes, l'infanterie en est la principale force, car elle peut presque tout sans le secours des autres, qui ne peuvent rien sans elle ! Donc, puisqu'il est évident que la petite guerre ne peut se faire avec succès sans le concours de l'infanterie légère, il est bien constaté qu'elle y joue le principal rôle et que son influence est très-grande sur les succès qu'on y obtient par la justesse des combinaisons faites avec ces différentes armes de l'armée, qui sont : l'infanterie, la cavalerie et l'artillerie.

Ce qui prouve encore que le rôle principal dans les opérations de la petite guerre appartient à l'infanterie légère, c'est que les partis de cavalerie sont rarement abandonnés à eux-mêmes, qu'il leur faut toujours de l'infanterie, surtout dans les pays accidentés, et que l'artillerie, qui n'est jamais abandonnée à elle-même dans un parti, a toujours de la cavalerie pour escorte, et même souvent la cavalerie et l'infanterie.

L'on voit donc par les diverses combinaisons de ces armes que l'infanterie légère est toujours occupée, tandis que les autres ne sont qu'acteurs secondaires, quoique indispensables, pour obtenir de pleins succès dans les différentes entreprises de ces partis.

Quant à l'influence qu'elle exerce sur les grandes opérations de la guerre, où elle se trouve subordonnée, elle consiste en ceci : c'est qu'on peut imaginer rigoureusement les opérations principales de la grande guerre, sans la petite guerre, mais l'on ne peut imaginer une petite guerre sans la grande guerre.

Et, puisque l'infanterie légère joue le rôle principal dans la petite guerre (où elle exerce une si grande influence), qui ne peut exister sans la grande, il reste bien prouvé que cette influence devient la même sur les manœuvres des grandes opérations auxquelles elle se trouve subordonnée.

CHAPITRE II.

De l'organisation de l'infanterie légère par bataillon, préférable à celle par régiment ; de son recrutement et de ses différents dépôts.

L'infanterie légère ayant toujours fait le service de l'infanterie de bataille, son organisation était toute naturelle ; mais, si l'on vient jamais à vouloir la faire rentrer dans ses attributions spéciales en changeant son éducation militaire, on devra alors la former par bataillon, et en voici la raison : un bataillon de 900 à 1,000 hommes (1) peut suffire aux besoins d'une division d'infanterie, et cette organisation nous offre l'avantage d'avoir le corps entier sous les yeux de son chef, tandis qu'un régiment de 2,400 à 3,000 chas-

---

(1) Aujourd'hui je dirai : un bataillon de 1,200 à 1,600 hommes ; 1,200 en temps de paix, et 1,600 au plus, en temps de guerre.

seurs serait plus que suffisant pour les exigences de son service près d'une division, ce qui nous forcerait à former divers détachements qui sont toujours préjudiciables à l'ensemble d'un corps quelconque.

Ainsi, en calculant la force de notre armée, et en la portant à 5 ou 600,000 hommes au plus pour le temps de guerre, et à 400 ou 450,000 hommes pour le temps de paix, nous trouverons que trente bataillons de chasseurs à pied suffiront pour les besoins de l'armée, ce qui nous donnera de 36 à 48,000 hommes d'infanterie légère, chiffre bien au-dessus de celui que nous offre la situation militaire de l'Autriche, qui ne se monte qu'à 19,000 hommes pour les masses que cet empire peut mettre en ligne aussi bien que nous.

Si je ne propose que la formation de trente bataillons, c'est que je compte que mes 5 ou 600,000 hommes ne nous donneront jamais plus de trente divisions d'infanterie, et que nous aurions toujours une bonne réserve avec les dépôts de ces bataillons et les compagnies de francs-tireurs que l'on doit former, et qui manquent à la France pour compléter son système d'organisation militaire (1).

Chaque bataillon de chasseurs aura huit compagnies, y compris celles du dépôt, et ils auront en sus la compagnie hors rangs, ainsi que l'infanterie de ligne.

Les cadres de ces bataillons seront formés ainsi qu'il suit :

GRAND ÉTAT-MAJOR.

Chef de bataillon.	1
Capitaine-major.	1
Capitaine adjudant-major.	1
Lieutenant trésorier.	1
Lieutenant d'habillement.	1
Chirurgien aide-major.	1
Chirurgien sous-aide.	1
Professeur de mathématiques et de fortification passagère, pris parmi les capitaines du génie ou d'artillerie.	1
Total.	8

---

(1) Chaque division d'infanterie aurait sa compagnie de francs-tireurs.

PETIT ÉTAT-MAJOR.

Adjudants sous-officiers. 3
Sergent-clairon. 1
Caporal-clairon. 1
Maître tailleur.. 1
Maître cordonnier. 1
Maître armurier. 1
Sergent-vaguemestre. 1
Caporal-muletier. 1
Muletiers. 6
                                       ——
     Total. 16

COMPAGNIE.

Capitaine. 1
Lieutenant en premier.. 1
Lieutenant en second. 1
Sous-lieutenant. 1
                                       ——
     Total des officiers. 4

Sergent-major. 1
Sergent-fourrier. 1
Caporal-fourrier. . . . . . . - 1
Sergents. 6
Caporaux. 12
Chasseurs (175 en guerre). 125
Clairons. 4

Total de la troupe (temps de paix). . . . 150

Enfants de troupe. 2

Le chef de bataillon étant le chef de corps, on devra le prendre parmi les plus capables et les plus jeunes de l'infanterie de ligne, toutefois, après avoir bien reconnu leur aptitude pour ce genre de service, si différent de celui de la ligne (1).

Le capitaine-major remplira les fonctions de major, et en aura toutes les attributions.

Les officiers comptables devront toujours passer dans un régiment de ligne par suite d'avan-

---

(1) Il vaudrait mieux qu'il fût du grade de lieutenant-colonel, et alors il aurait un chef de bataillon pour commander en second, et un major comme dans la ligne.

cement, par la raison que leur chef immédiat n'est que capitaine.

Les fonctions d'adjudant sous-officier étant très-pénibles en temps de guerre, j'ai cru nécessaire d'en porter le chiffre à trois, pour le temps de guerre seulement, et à deux pour le temps de paix (1).

Comme ces bataillons de chasseurs seront appelés à manœuvrer isolément, soit en reconnaissance militaire, soit comme avant-garde, dans les pays difficiles et montueux, que notre train d'artillerie ne peut parcourir qu'avec la plus grande difficulté, j'ai pensé qu'il serait urgent de donner à chaque bataillon une brigade de muletiers, pour le transport de ses munitions de guerre, car le mulet passe partout, et de cette manière, nous ne verrons plus, en temps de guerre, de ces portions de corps forcées d'abandonner une position et même de se rendre, faute de cartouches(2).

---

(1) En temps de guerre, le troisième resterait au dépôt, et en temps de paix, ce serait le deuxième, lorsque le bataillon en serait séparé.

(2) L'idée d'une brigade de muletiers m'a été donnée par feu le général Beurmann.

Une compagnie de chasseurs pouvant être divisée par sections ou subdivisions, suivant l'exigence des cas extraordinaires, et vu qu'il est urgent qu'un officier marche toujours à la tête de ces différentes subdivisions, j'ai cru devoir proposer un lieutenant en second en plus, et porter le nombre des clairons à quatre, afin que chaque officier ait le sien en cas de séparation (1).

Une troupe qui doit habituellement manœuvrer devant l'ennemi sur une grande étendue de terrain, et qui doit souvent se trouver subdivisée, doit avoir nécessairement assez de chefs pour la guider et la surveiller.

J'ai, par conséquent, augmenté le nombre des sergents, que je porte à six, ainsi que des caporaux, que je porte à douze, ce qui ne sera pas de trop pour les compagnies qui pourront avoir de 125 à 175 chasseurs en temps de guerre (2).

---

(1) Le lieutenant en second n'ayant pas été adopté lors de la formation de nos dix bataillons de chasseurs, sans doute par économie, je proposerai de le remplacer par le sergent-major, qui ne devrait plus porter la carabine.

(2) Chaque compagnie devant avoir, selon moi, trois

Maintenant que nous venons de traiter de l'organisation de l'infanterie légère, il faut aussi songer à son recrutement, qui devra s'opérer ainsi qu'il suit, pour répondre parfaitement aux principes qui régissent sa spécialité.

La France renferme dans son sein des localités bien différentes, bien opposées, ce qui fait que les hommes qui en reçoivent l'influence ont dans chaque province des goûts, des qualités physiques et morales qui semblent faire plusieurs peuples dans une même nation.

Parcourons d'un œil observateur les diverses provinces, et nous trouverons, sous le rapport militaire, comme le dit fort judicieusement le général Lamarque, dans son ouvrage intitulé : *de l'Esprit militaire en France*, que, si le Flamand, qui est lourd, pesant, difficile à s'enflammer, mais qui est terrible dans sa colère, convient à la grosse cavalerie ; que si l'Alsacien, le Franc-Comtois et le Lorrain conviennent à la cavalerie légère et à l'artillerie ; que si le Poite-

---

sections, ces six sergents et douze caporaux deviennent indispensables.

vin obstiné, le Normand, le Breton à la tête de fer, sont propres à l'infanterie de ligne, qui, calme et inébranlable, reste des heures entières sous le feu des batteries (1), nous pourrons prendre pour l'infanterie légère le Basque, le Gascon, le Béarnais, enfin tous les habitants du Midi, qui doivent aux rayons d'un soleil plus ardent, à l'âpreté du sol, aux exercices violents de la jeunesse, leur vivacité, leur caractère aventureux, la souplesse de leurs membres, et qui semblent être indiqués par la nature pour cette espèce d'infanterie.

Il faudra donc opérer le recrutement de nos bataillons de chasseurs dans les départements suivants, et y répartir les compagnies affectées à ce service, suivant les besoins des localités et leurs ressources, savoir :

1° Les Pyrénées-Orientales; 2° les Hautes-Pyrénées; 3° les Basses-Pyrénées; 4° les Bas-

---

(1) Le général Lamarque a dit que l'infanterie de ligne devait être pareille à un mur d'airain contre lequel viendraient se briser les vagues écumantes de la cavalerie.

ses-Alpes ; 5° les Hautes-Alpes ; 6° l'Ardèche ; 7° l'Ariége ; 8° l'Aude ; 9° l'Aveyron ; 10° les Bouches-du-Rhône ; 11° le Cantal ; 12° la Corse ; 13° le Gard ; 14° la Haute-Garonne ; 15° le Gers ; 16° l'Hérault ; 17° l'Isère ; 18° le Lot-et-Garonne ; 19° la Corrèze ; 20° le Tarn ; 21° le Tarn-et-Garonne ; 22° le Var ; 23° Vaucluse ; 24° le Lot ; 25° les Vosges ; 26° la Lozère ; 27° le Puy-de-Dôme ; 28° les Landes ; 29° la Meurthe ; 30° les Ardennes (1).

Ces trente départements suffiront bien au delà aux besoins de notre infanterie légère, comme à ceux de nos compagnies de francs-tireurs, qui seront une heureuse innovation.

---

(1) Dans ma première édition, je ne désignais que vingt-trois départements, mais aujourd'hui je crois devoir les porter à trente, pour le recrutement de notre infanterie légère.

CHAPITRE III.

De l'armement, équipement, habillement et coiffure à lui donner, et de son administration.

L'infanterie légère devant toujours exécuter ses manœuvres à l'insu de l'ennemi, son genre de service l'obligeant à s'approcher le plus près possible de lui, il faut qu'elle n'ait rien d'éclatant qui puisse la faire découvrir au loin, soit de jour, soit de nuit, et, comme elle doit toujours agir avec la plus grande célérité, il faut aussi réduire la charge des chasseurs sans nuire à leur bien-être.

ARMEMENT.

L'armement consistera donc : 1° en une carabine rayée à piston et bronzée, sauf la batterie ; 2° en un couteau de chasse qui pourra se fixer au bout de la carabine (1).

---

(1) Le hirschfenger des Tyroliens pourrait bien remplir ce but.

Néanmoins, je n'insisterai pas sur la carabine, si l'on y trouvait de trop grands inconvénients ; mais alors je prierais mes censeurs de consulter le chapitre intitulé : *Recherches sur le feu de l'infanterie*, qui me paraît renfermer tout ce que l'on peut désirer pour le perfectionnement de nos armes à feu, qui sont si négligées chez nous, malgré quelques améliorations obtenues depuis 1816, et malgré nos nombreux comités (1).

J'aime à croire, et je suis persuadé que le comité d'artillerie se rendra en grande majorité aux raisonnements judicieux, appuyés par des preuves sans nombre, de cet officier d'infanterie, auteur anonyme de cet excellent ouvrage, et qu'il reconnaîtra qu'on peut avoir du talent, posséder la science, sans être officier d'artillerie ou du génie, ce qui n'ôtera rien de l'illustration de cette arme spéciale, à laquelle nous rendons du reste la justice qu'elle mérite à tous égards.

Ainsi, on pourrait donner à notre infanterie

______

(1) Aujourd'hui, il m'est permis de dire que M. le capitaine Delvigne est l'auteur de cet ouvrage.

légère des fusils du calibre de vingt à la livre avec les modifications proposées par l'officier anonyme qui est l'auteur de l'ouvrage précité, sans oublier de donner plus de pente à la crosse du fusil, et de remplacer les garnitures en bagues par des tiroirs comme au fusil anglais (1).

Alors on pourrait toujours donner la carabine tyrolienne aux compagnies de francs-tireurs, qu'on ne peut manquer de former, à moins de vouloir se priver d'excellentes troupes légères, et qu'on devra organiser selon les vastes vues de l'illustre maréchal Soult, que je me garderai bien de contrôler.

Ces différentes compagnies de francs-tireurs seraient, ainsi formées, d'un excellent service pour se mettre à la tête des colonnes de grandes reconnaissances, et seraient continuellement attachées aux divers états-majors, quartiers généraux, pour y être à la disposition des officiers

---

(1) La carabine à tige dont sont armés nos chasseurs à pied me paraît être dans toutes les conditions voulues pour obtenir une bonne portée et la justesse la plus rigoureuse.

généraux, dont elles seraient le vrai flambeau pour les éclairer dans leurs opérations générales et secondaires (1).

ÉQUIPEMENT.

L'équipement se composera d'une cartouchière et d'un hâvre-sac, dont le modèle se trouve dans le *Journal de l'Armée*, nº 10, et qui a été proposé par M. Fraiche, capitaine de grenadiers au 23ᵉ de ligne : cette cartouchière est bien préférable à nos gibernes actuelles, qui sont beaucoup trop gênantes pour des hommes qui doivent courir beaucoup, et sa forme offre un grand avantage en ce qu'elle est attachée par deux anneaux mobiles à un ceinturon de cuir bouclé sur le côté gauche, ce qui donnera la facilité de la faire glisser derrière le dos, lorsque le soldat devra courir et combattre, et que de cette manière le chasseur ne sera pas gêné dans

---

(1) Les chasseurs étant armés de la carabine à tige, on pourrait donner aux francs-tireurs, soit l'ancienne grosse carabine de ces chasseurs, soit une carabine à deux coups, mais toujours à tige.

ses courses par une giberne qui bat continuellement sur la hanche, et, s'il est obligé de courir, la ceinture ayant une boucle qui peut être serrée à volonté, il aura les reins affermis, ce qui lui donnera de la facilité pour faire de grandes marches.

La buffleterie sera noire, et toutes les boucles seront bronzées (1).

HABILLEMENT.

L'habillement se composera de ce qui suit : 1° une tunique comme celle des chasseurs d'Afrique, de couleur verte, avec les passe-poils jaunes, les boutons bronzés, ayant un cor de chasse avec le numéro du bataillon au milieu ; les épaulettes seront en écailles et sans franges ;

---

(1) La giberne adoptée pour nos dix bataillons de chasseurs remplit parfaitement le but proposé, mais il reste encore à modifier leur hâvre-sac, en lui donnant la forme de celui de l'armée hanovrienne, et dont nous avons donné le modèle à l'appui de notre mémoire de proposition à l'inspection générale de 1842, passée au camp de Saint Omer.

2° une veste à manches, de drap vert, mais qu'on laissera toujours au dépôt en temps de guerre, et hors du sac dans les marches de l'intérieur, en temps de paix ; 3° un grand collet de drap vert, qui dépassera les genoux pour s'en servir au bivouac et qui devra toujours se porter sur le sac roulé en porte-manteau ; 4° un pantalon vert en cuir-laine, bien étoffé, fait selon le modèle d'aujourd'hui, mais qui sera boutonné par devant et par derrière, pour faciliter les besoins pressants, ce qui est fort essentiel dans les retraites, comme il a été prouvé dans toutes nos campagnes d'Espagne du temps de l'Empire, où l'instinct du soldat suppléa au vice de son habillement (1).

CHAUSSURE.

Les chasseurs auront des bottines à la hongroise qui devront être faites de manière qu'on

---

(1) Le collet donné à nos chasseurs est très-bon, mais il serait parfait, si l'on y ajoutait le capuchon comme à celui des zouaves.

Le pantalon gris qu'on leur a donné n'est pas assez large, et il lui manque la braguette de derrière.

puisse y entrer facilement, qu'elles ne blessent pas les pieds, et qu'elles soient sans lacets ; cette chaussure est préférable aux souliers, qui nécessitent des guêtres, auxquelles on n'a pas toujours le temps de coudre des sous-pieds cassés au milieu d'une marche forcée, ce qui vous fait perdre votre chaussure dans les boues profondes.

COIFFURE.

La coiffure se composera d'un képi et d'un bonnet à la Marie-Louise.

Le képi sera en drap noir sur carton imperméable ; il aura le calot en cuir verni, garni d'un cercle en fer battu pour garantir la tête des coups de sabre, et il aura pour garniture un galon vert pour le haut et un bourdaloue en cuir verni pour le bas, avec une visière vernie qui sera droite et bien large. Quant aux ornements du képi, il aura un grand cor de chasse avec le numéro du bataillon au milieu, des jugulaires en chaînettes larges de trois doigts, la cocarde avec une petite ganse en laine jaune qui sera placée par-dessus le cor de chasse, et qui devra être surmontée par un pompon rond, d'une cou leur différente pour chaque compagnie, et avec une plume noire. La coiffe du képi sera en toile cirée avec un couvre-nuque (1).

ADMINISTRATION.

L'administration de ces bataillons devra s'établir sur les mêmes bases que celle des autres corps de l'armée, et le capitaine-major en sera le chef responsable.

Comme notre but n'est pas de former un corps privilégié, la solde de ces bataillons de chasseurs sera celle des troupes de ligne ; mais ils auront, en remplacement de grenadiers et de voltigeurs, 2 sergents-majors de 1re classe par bataillon, qui toucheront la solde d'élite des régiments de ligne, 12 sergents, 2 fourriers, 24 caporaux, 8 clairons et 250 à 350 chasseurs de 1re classe, ce qui permettra de récompenser les meilleurs sujets et les meilleurs tireurs de chaque compa-

---

(1) Le képi de nos chasseurs a une belle forme, mais il lui manque le cercle en fer battu, pour parer les coups de sabre, et leur casquette ne vaut pas le bonnet que je propose.

gnie. Cette manière de remplacer les compagnies d'élite ne laissera pas d'entretenir l'émulation parmi des hommes qui rivaliseront de zèle pour mériter ces distinctions, auxquelles on attachera la prérogative de porter sur le bras gauche, au-dessus des galons, un cor de chasse en argent pour les sous-officiers, et un cor de chasse en soie-laine pour les caporaux, clairons et chasseurs.

CHAPITRE IV.

De son éducation militaire, de ses exercices, de ses manœuvres, et de son service en campagne.

L'éducation militaire comprend tout ce qui doit rendre le soldat capable de supporter les grandes fatigues de la guerre, et d'exécuter avec intelligence et adresse tous les mouvements ordonnés par ses chefs; c'est de l'impulsion que nous lui donnerons que dépendront en partie nos succès, et nous ne saurions trop lui donner nos soins.

Ainsi, l'habituer par degrés aux grandes marches, lui apprendre à remuer les terres pour construire des fortifications de campagne, l'assujettir aux jeux gymnastiques propres à doubler ses forces, occuper ses loisirs par des jeux qui lui feront oublier ceux qui charmaient son enfance, par une instruction facile qui le mette à même de s'avancer dans la carrière par des travaux utiles qui adouciraient son sort, enfin lui apprendre à manier ses armes avec adresse, lui enseigner à exécuter les diverses évolutions applicables à son genre de service, tout cela rentre dans le cadre de son éducation, et les chefs de ces bataillons, aidés de leurs officiers, ne sauraient trop s'attacher à la stricte exécution de ce programme, car il en est de l'éducation militaire comme de celle d'une famille : l'on ne récolte que ce qu'on a semé.

En effet, si un chef de corps négligeait cette partie si essentielle de son métier, il ne pourrait espérer que de faibles succès et peu de gloire ; c'est en temps de paix qu'il faut se préparer à la guerre, en apprenant aux soldats tout ce qu'on pourra exiger d'eux devant l'ennemi ; et certes l'on ne peut rien faire de bon avec des hommes habitués à une vie molle et oisive, tandis qu'avec des soldats endurcis à la fatigue, habitués aux privations et bien exercés, on peut tout entreprendre, tout oser et acquérir beaucoup de gloire.

Nous classerons donc ces diverses parties de l'éducation militaire dans l'ordre suivant : 1º l'école du soldat ; 2º l'école de peloton ; 3º l'école de tirailleurs ; 4º l'instruction sur le tir ; 5º le maniement de la baïonnette (par Muller), qui me paraît être une excellente instruction pour les

Français, qui ont déjà rendu cette arme si redoutable entre leurs mains ; 6° l'école de bataillon (1).

L'école du soldat sera suivie d'un bout à l'autre ; mais la manière d'apprêter les armes étant vicieuse pour la justesse du tir, j'adopterai celle des Anglais qui font croiser la baïonnette et armer dans cette position si naturelle aux bons tireurs (2).

L'instruction des tirailleurs adoptée par M. le Ministre de la guerre, et que nous avons à la fin de l'école de bataillon, étant, par la simplicité de son programme, à la portée de toutes les intelligences, devra être suivie de préférence à toute autre ; j'y ajouterai seulement le passage du défilé en avant sur le centre, le passage du défilé en avant par les deux ailes, et celui par

---

(1) Toutes ces parties de l'instruction devront être enseignées d'après les théories adoptées pour les bataillons de chasseurs à pied, et qui ne laissent rien à désirer.

(2) En apprêtant les armes comme les Anglais, on mettra dix fois plus de balles dans la cible.

l'aile gauche, sans oublier les mêmes mouvements pour battre en retraite. Ces mouvements de tirailleurs sont indispensables, soit en poursuivant un ennemi battu, soit en couvrant la retraite d'un corps. M. le baron de Chambrun, qui est colonel du quatrième léger, les a indiqués à la fin de son instruction pour les tirailleurs, ainsi qu'on pourra le voir dans son ouvrage.

SERVICE EN CAMPAGNE.

7° Le traité sur le service de l'infanterie légère en campagne, traduit de l'allemand par M. le capitaine de Forestier, ex-lieutenant au huitième régiment de la garde royale, renfermant tout ce qu'on peut exiger de cette arme devant l'ennemi, devra être mis en pratique dans nos bataillons de chasseurs.

PROMENADES MILITAIRES.

On fera souvent des promenades militaires, surtout en hiver, tantôt sur les grandes routes, tantôt sur les chemins de traverse, dans les terrains montueux, dans les bois, et à travers champs, après les récoltes rentrées ; on les combinera progressivement jusqu'à obtenir des marches forcées, avec l'habitude des privations longues et soutenues, comme l'ont fait en France MM. les colonels Combes et Clouet, avec grand succès, et on y exercera ces bataillons de chasseurs aux différentes parties de leur service en compagne (1).

Le *Traité de la petite guerre* de Decker, traduit de l'allemand par M. le général Ravichio de Peretsdorf, qui décrit si bien le service des avant-postes, des partis, des reconnaissances et des partisans, devra aussi être suivi dans ces marches militaires.

TIR.

Le tir, qui est une des parties les plus essentielles de l'instruction, et dont on s'est le moins occupé jusqu'ici, devra être porté à sa plus grande perfection, parce que c'est de l'habitude que dépendent nos plus grands succès.

----

(1) M. le colonel Clouet, commandant le 19ᵉ léger, en 1822 et 1823, nous fit passer par tous ces exercices six mois avant de faire la campagne d'Espagne, où il récolta ce qu'il avait semé si sagement.

On suivra donc à la lettre ce qu'en dit M. Delvigne, ancien officier de l'armée, dans son ouvrage : *Recherches sur le feu de l'infanterie*, car il traite de cette partie de l'éducation militaire avec beaucoup de profondeur, et ne laisse rien à désirer pour en obtenir les résultats les plus avantageux.

La plus grande latitude sera donnée aux chefs de corps, pour faire de cet exercice si important un objet d'émulation, en donnant des prix et des récompenses aux plus adroits tireurs.

On ne fera passer les chasseurs à l'exercice du tir qu'après qu'ils se seront familiarisés avec leurs armes, et qu'ils seront bien affermis dans l'exécution des deux écoles ; mais on devra néanmoins leur faire faire des exercices à feu homme par homme, pour les habituer à bien épauler avant de faire feu, et afin de leur faire contracter dès le principe l'habitude de bien ajuster, en les faisant tirer sur des objets à des distances différentes et en leur faisant observer les principes du tir, qui devront leur être expliqués d'une manière détaillée, lors de la théorie sur les armes qui se fait dans les chambres.

Les bataillons ne passeront à l'instruction des

tirailleurs qu'après avoir parcouru ces trois écoles; et une fois bien affermis dans ces divers mouvements prescrits par l'instruction, on leur donnera des cartouches à balles, et on placera des cibles de distance en distance, sur un terrain supposé occupé par l'ennemi, pour qu'ils visent toujours dessus, et on pourra même rendre ces cibles mobiles, pour les habituer à tirer sur tous les objets mouvants, ce qui, à la fin de chaque école, permettra aux chefs de bien juger de la justesse du tir et d'en calculer les progrès (1).

COMMANDEMENT.

Les commandements se feront à la voix des chefs, munis à cet effet d'un porte-voix, pour lui donner plus d'étendue, et par les sonneries du clairon, lorsqu'ils seront trop éloignés de leur troupe.

Chaque officier devra être muni d'une petite

---

(1) L'instruction sur le tir à l'usage de nos batail lons de chasseurs à pied ne laisse rien à désirer, aussi ne proposerai-je plus de suivre celle du capitaine Delvigne, toute bonne qu'elle soit.

lunette anglaise, qui est d'un bien bon usage aux avant-postes, pour distinguer de loin les positions et les mouvements de l'ennemi.

On devra déterminer par un règlement spécial les exercices de chaque saison, afin qu'il y ait uniformité dans ces divers bataillons, et on devra sévir fortement contre la moindre infraction à cet égard.

JEUX GYMNASTIQUES.

Chaque bataillon aura son gymnase dans sa garnison, pour y être exercé à la course, et à tout ce qui peut fortifier l'homme, développer son adresse et son agilité : des officiers seront désignés par le chef de corps pour surveiller le gymnase sous les ordres d'un directeur.

ÉCOLE DE NATATION.

L'école de natation devra être dirigée, ainsi que celle d'escrime, par des officiers aidés par un certain nombre de sous-officiers et caporaux pris parmi les meilleurs nageurs et les meilleurs tireurs, et l'on évitera, dans les leçons de natation, de s'amuser aux dépens des élèves, pour ne pas les dégoûter d'un exercice si nécessaire à des troupes appelées à franchir tous les obstacles du terrain sans aucun préparatif.

M. le colonel Tallendier, commandant le 18e de ligne, a eu le talent de former, en 1838, à Marseille, 1,200 nageurs dans une année, en suivant sa méthode et en punissant très-sévèrement ceux qui cherchaient à s'amuser aux dépens d'un élève.

Pensant que ce cadre de l'éducation militaire pourra suffire, je m'arrête là, et je désire qu'il soit en harmonie avec les principes qui régissent l'instruction de nos troupes légères.

CHAPITRE V.

Des différents cours de mathématiques élémentaires, d'histoire militaire ancienne et moderne, de géographie, de dessin linéaire, de topographie, de fortification passagère, auxquels on devra assujettir les jeunes officiers ; de la bibliothèque du corps ; des écoles régimentaires pour les sous-officiers et soldats ; des enfants de troupe.

L'instruction de nos officiers d'infanterie, comparée à celle des officiers de nos corps spéciaux, laisse beaucoup à désirer. Nos voisins du Nord sont en cela plus avancés que nous ; mais il faut dire aussi que leurs Gouvernements y portent les plus grands soins, et leur accordent toutes les latitudes pour acquérir les connaissances exigibles d'un bon officier, qui doit avoir la noble ambition de ne pas se borner au mécanisme de son état, et qui doit en étudier la science même, s'il veut atteindre les derniers échelons.

Nous avons en France de faux préjugés qui régissent despotiquement et généralement les officiers d'infanterie, qui croient que leurs connaissances doivent se borner à bien connaître leurs trois écoles ; certes, c'est déjà beaucoup de pouvoir bien faire manœuvrer la troupe, mais ce n'est pas assez ; en se bornant à cette instruction, l'on n'est jamais qu'un bon soldat, tandis que, pour un officier qui ne veut pas borner sa carrière aux emplois subalternes, il faut des connaissances plus étendues, plus variées, qu'il ne pourra acquérir que dans l'étude de l'art de la guerre ; et, comme pour se livrer à ces travaux il faut des connaissances premières, une certaine éducation de famille qui manquent à la majeure partie d'entre nous, à notre entrée au service, j'ai cru nécessaire d'établir dans chaque bataillon d'infanterie légère divers cours qui mettront nos jeunes officiers, sortis de la noble classe des sous-officiers, à même de marcher de pair avec ceux de leurs camarades qui, plus heureux, ont pu, par les bienfaits de la fortune, jouir d'une plus brillante éducation.

La sollicitude à porter à nos écoles régimentaires est digne d'un Gouvernement qui a été le régénérateur de toutes les libertés publiques, comme de la seule et vraie égalité ; nous en avons déjà des marques irréfragables dans les diverses instructions données aux chefs de corps par notre Ministre de la guerre, dont la France n'oubliera jamais les soins donnés à la réorganisation de nos armées.

En choisissant un officier du génie ou d'artillerie du grade de capitaine en second, je crois avoir rempli toutes les exigences de l'emploi de professeur pour MM. les officiers, et l'on pourrait au besoin lui adjoindre des officiers du corps qui sortent de l'école spéciale de Saint-Cyr, pour l'aider dans ses nombreux travaux (1).

Il dirigera donc les cours suivants, et avant chaque inspection générale, il désignera à son chef de bataillon les officiers qui auront fait le plus de progrès par suite de leur zèle, pour que ce chef de corps puisse les recommander à la bienveillance du Gouvernement, par les soins de l'inspecteur général, afin d'entretenir l'émulation parmi ces messieurs.

---

(1) Depuis l'époque où j'écrivais ces lignes, j'ai reconnu que ce capitaine-professeur pourrait être remplacé avantageusement par un capitaine du bataillon.

1° Un cours d'histoire militaire ancienne et moderne ;

2° Un cours de géographie ;

3° Un cours de mathématiques élémentaires jusqu'aux équations du deuxième degré ;

4° Un cours de topographie ;

5° Le dessin linéaire, le lavis, le dessin de paysage à vue ;

6° Un cours de fortification passagère, sur l'attaque et la défense des places, d'après Vauban et Carnot.

Chaque bataillon aura sa bibliothèque dans sa garnison, qui sera tenue par un officier retraité désigné par le Gouvernement (1), et qui aura sous ses ordres un sous-officier du corps en qualité de sous-bibliothécaire.

Cette bibliothèque sera composée de nos meilleurs ouvrages de littérature, d'histoire, de géographie, de mathématiques et autres sciences,

----

(1) Cet officier jouirait d'un traitement de 300 fr., en sus de sa retraite, ce qui améliorerait bien la position de plusieurs de ces braves vétérans de notre gloire, qui nous servent de modèle.

enfin de tous ceux qui traitent de l'art militaire, ainsi que de toutes les brochures, journaux périodiques et militaires qui fourniront à ces corps d'officiers des moyens suffisants pour s'instruire journellement, sans dépenser beaucoup d'argent, tout en charmant leurs loisirs.

COURS DE FORTIFICATION PASSAGÈRE.

Il serait bien que, pour le cours de fortification passagère, chaque chef de corps eût à sa disposition une caisse de plans en relief représentant différents ouvrages de campagne, tous les terrains imaginables, ainsi que le matériel et le personnel d'un petit corps d'armée, afin qu'on puisse suivre le mode d'instruction adopté en Autriche, qui est tout simple et qui ne nécessite aucun achat de terrain pour y faire des travaux, ce qui est toujours difficile à trouver et ce qui deviendrait très-onéreux pour l'Etat. Voici comment il se pratique : chaque chef de bataillon réunit, plusieurs fois la semaine, tous les officiers dans une salle commune du quartier ; il désigne deux officiers à tour de rôle, pour exécuter les divers ouvrages que nécessitent les positions qu'ils ont prises l'un contre l'autre sur un terrain désigné et construit par eux-mêmes, à l'avance et devant le chef de bataillon, qui raisonne ensuite avec eux sur les diverses chances de succès de part et d'autre, qui corrige les erreurs et applaudit aux bonnes dispositions, ce qui ne laisse pas que de devenir très-instructif pour ces messieurs.

Quant à la fortication permanente, on se bornera à bien apprendre les différents tracés, et à connaître les premières notions de l'attaque et de la défense des places d'après les auteurs cités plus haut, et qui nous offrent dans leurs ouvrages un vaste et bon champ à parcourir.

ÉCOLES POUR LES SOUS-OFFICIERS.

L'instruction à donner aux sous-officiers sera dirigée par le capitaine-major, qui aura sous ses ordres de jeunes officiers sortis de Saint-Cyr, et on la divisera ainsi qu'il suit :

1° Un cours de grammaire raisonnée ;

2° Un cours d'histoire élémentaire ;

3° Cours de géographie élémentaire ;

4° Cours d'arithmétique ;

5° Cours de dessin élémentaire.

ÉCOLES DES CAPORAUX ET SOLDATS.

Les écoles pour les caporaux et les soldats se diviseront comme ci-après :

1° L'enseignement mutuel pour lire et écrire ;

2° La grammaire élémentaire ;

3° Les quatre règles de l'arithmétique, les décimales et les fractions.

Nota. Tous les officiers seront invités à suivre les différents cours affectés à leur instruction, mais on n'y obligera que les jeunes et les nouveaux promus au grade de sous-lieutenant.

Tous les sous-officiers le seront de même ; mais le chef de corps ne forcera que ceux d'entre eux sur lesquels il aura des projets d'avancement. Quant aux caporaux et soldats, on agira de la même manière.

ENFANTS DE TROUPE.

Les soins à donner à l'éducation de nos enfants de troupe doivent aussi entrer dans le cadre des sollicitudes paternelles du Gouvernement : je proposerai donc que chaque bataillon ait une compagnie d'enfants de troupe qui sera surveillée par un officier au choix du commandant, et qui aura un sergent et deux caporaux sous ses ordres, pour coucher avec eux dans la même chambrée, les mener aux écoles régimentaires, les conduire à la promenade et assister à tous les jeux hors de leurs occupations journalières, qui devront être fixés par un règlement.

Ce sergent devra aussi les conduire à l'église et au catéchisme qui leur serait fait par M. l'aumônier des prisons, ou de l'hôpital, à défaut d'aumônier de régiment.

On sentira sans doute l'importance de cette mesure, que plusieurs régiments de l'armée ont adoptée avec succès.

Comme je n'ai pas la prétention de croire que mon système d'organisation soit le meilleur pour ramener l'infanterie légère au vrai but de son institution, je désire qu'il surgisse de meilleures idées du sein de la discussion qui pourra s'élever à la lecture de ce traité, et qu'une main plus habile s'en empare pour nous donner une constitution définitive pour cette arme.

Tels sont mes vœux, et il ne me reste plus qu'à prier mes lecteurs de me pardonner les erreurs qui auront pu se glisser dans ces divers chapitres, en me les signalant sans crainte de blesser mon amour-propre : car je serai toujours flatté d'avoir pu intéresser leur attention critique.

NOTES.

1.

Page 10. Aujourd'hui nous sommes heureux, etc.

En 1838, M. le Ministre de la guerre ayant décidé l'organisation d'un bataillon de chasseurs à pied, à titre d'essai, ce bataillon fut envoyé en 1839 au camp de Fontainebleau ; et, quoique mon régiment ne fît pas partie de cette division, j'obtins l'autorisation de m'y rendre pour assister aux manœuvres de ce corps de nouvelle formation, afin de pouvoir faire mes observations sur son organisation et sur ses exercices.

A la clôture des manœuvres, et après la revue

d'honneur, je fis parvenir à M. le Ministre de la guerre le rapport comparatif que j'avais fait sur ce que j'avais proposé dans mon Traité, et sur ce que l'on avait adopté.

C'est à cette revue d'honneur que M. le maréchal Soult, très-satisfait des manœuvres de ce bataillon de chasseurs, dit à MM. les généraux qui l'entouraient : « Ce n'est pas un batail-« lon qu'il nous faut, mais bien trente pour les « besoins de l'armée. »

2.

Page 10. Nous comptons aujourd'hui vingt-cinq régiments d'infanterie légère, etc.

Il y a longtemps que l'on aurait dû transformer ces régiments en vingt bataillons de chasseurs à pied, et voici de quelle manière on pourrait obtenir une bonne et prompte organisation :

1° Prendre les 75 compagnies de voltigeurs de nos régiments d'infanterie légère.

2° Y joindre tous les hommes des compagnies du centre qui seront nécessaires pour compléter les 85 compagnies qui manqueraient pour obtenir les 160 compagnies de ces vingt nouveaux bataillons, et que l'on choisirait parmi les meilleurs tireurs des départements du Midi et des montagnes.

3° Faire un tiercement avec nos 10 bataillons actuels, puis avec ce qui resterait disponible en former 25 régiments de ligne pour en porter le chiffre à 100.

3.

Page 14. Les habitants de nos montagnes, etc., etc.

En 1823, aux blocus de Saint-Sébastien et de Lérida, alors que j'étais sous-lieutenant au 19e léger qui faisait partie du 5e corps de l'armée d'Espagne, j'ai pu me convaincre de la supériorité de nos soldats sur ceux de la ligne, car, notre régiment, entièrement recruté de Béarnais, de Basques, de Landais, de Gascons et de Languedociens, n'eut presque pas de malades dans cette campagne, et ne laissa que 5 hommes à l'hôpital après avoir eu doublé les étapes depuis Saint-Sébastien jusqu'à Lérida, où notre corps d'armée arriva à temps pour faire rendre cette place, tandis que les régiments de ligne étaient bien moins heureux.

Je persiste donc à dire que le recrutement de nos bataillons de chasseurs ne devrait se faire que dans les trente départements qui sont désignés dans le deuxième chapitre de ce Traité.

4.

Page 20. En manœuvrant ainsi, ces deux généraux, etc.

Napoléon a dit que le génie de la guerre de montagnes consistait à occuper, soit sur les flancs, soit sur les derrières de l'ennemi, des camps qui ne lui laissent que l'alternative d'évacuer ses positions sans combattre pour en prendre une en arrière, ou d'en sortir pour vous attaquer, ce qui est toujours désavantageux, parce que l'art consiste à n'avoir que des combats défensifs, et à obliger l'ennemi à attaquer.

5.

Page 22. Il serait mieux de dire : Comme les yeux de l'homme, etc.

En effet, dès qu'il est reconnu que les troupes

légères sont le flambeau du général, il est évident qu'elles sont nécessaires à l'armée comme les yeux à l'homme pour voir de loin.

6.

Page 26. L'intelligence du soldat français, etc., etc.

L'Empereur Napoléon a dit : « Plus l'infan- « terie est bonne, plus il faut la ménager. »

Il ne faut donc pas abuser des forces de nos chasseurs à pied en leur faisant faire le métier de tirailleurs lorsqu'on peut les remplacer par les voltigeurs de la ligne, et même par des compagnies du centre qui sont toutes dressées à ce genre de service.

Il doit en être de même du pas de course gymnastique qui est excellent, mais qu'on ne doit employer qu'avec circonspection.

7.

Page 34. Aujourd'hui je dirai : un bataillon de 1,200, etc.

L'effectif de 1,200 hommes est suffisant pour le temps de paix , mais non en temps de guerre, où vous êtes obligé de laisser deux compagnies au dépôt, sans compter celle dite hors rangs, soit 3 à 400 hommes, ce qui vous réduit à 800 hommes.

Il faut donc que l'effectif de guerre soit de 1,600 hommes, afin de pouvoir entrer en ligne avec 1,200 baïonnettes, soit 200 hommes par compagnie, ce qui n'est pas de trop pour les besoins d'une division d'infanterie.

8.

Page 36. Chaque division d'infanterie, etc., etc.

L'idée de former des compagnies de francs-tireurs a pris naissance au dernier siége d'Anvers, où le 19º léger forma sa compagnie de tireurs d'élite, qui rendit de grands services, en les plaçant dans les trous de loup, d'où ils tiraient sur les canonniers des batteries de la place, afin d'éteindre leurs feux. Cette compagnie fit éprouver de si grandes pertes à l'artillerie ennemie, qu'elle fut baptisée du nom glorieux d'Infernale.

L'organisation de ces compagnies de francs-tireurs serait facile à faire avec les compagnies de carabiniers de nos régiments d'infanterie légère, et en les recrutant dans les hommes de choix, et aussi en tirant des compagnies du centre les hommes les plus robustes parmi les meilleurs tireurs.

On les armerait avec les grosses carabines que l'on a retirées aux chasseurs à pied, et avec lesquelles ils pourraient se servir de la balle-obus inventée par M. Delvigne et qui a été avantageusement expérimentée au camp de Fontainebleau.

Quant à leur uniforme, il serait pareil à celui des chasseurs à pied, sauf la couleur du passepoil qui serait écarlate, et un plumet rouge en remplacement du noir.

Le cadre et l'effectif de ces compagnies seraient les mêmes que ceux des compagnies de chasseurs.

Ces trente compagnies de francs-tireurs ainsi formées seraient toujours attachées au quartier général de leur division, pour y être employées aux opérations les plus délicates de la petite guerre, et principalement à celles des siéges.

9.

Page 38. Il vaudrait mieux qu'il fût du grade de lieu-tenant-colonel, etc.

En effet, l'expérience a prouvé qu'un chef de bataillon ne suffisait pas, et ce serait du reste un bon moyen de placer en partie les lieutenants-colonels des régiments de ligne, ainsi que les majors.

10.

Page 39. En temps de paix, le troisième resterait au dépôt, etc., etc.

Le service d'adjudant est trop fatigant pour n'en avoir qu'un par bataillon, principalement en temps de guerre.

Il en faut deux en temps de paix, et trois en temps de guerre, parce que le dépôt doit avoir le sien, attendu que ce service est toujours mieux fait par un titulaire que par un sergent-major fonctionnaire.

11.

Page 39. L'idée d'une brigade de muletiers, etc.

C'est en soumettant mon Traité à mon père,

qu'il me donna cette idée, en me disant que durant ses campagnes en Catalogne il en avait souvent reconnu l'utilité.

12.

Page 40. Le lieutenant en second, etc , etc.

En donnant le commandement d'une section au sergent-major, et en lui retirant sa carabine dont il se sert rarement, on ferait non-seulement une économie, mais l'on donnerait en outre une plus grande considération au premier sous-officier de la compagnie dont il est l'âme.

13.

Page 40. Chaque compagnie doit avoir trois sections, etc.

En manœuvrant sur deux rangs, l'on doit nécessairement diviser la compagnie en trois sections, afin de pouvoir former le carré sur quatre rangs et se ménager une réserve qui vous permettra d'avoir vos tirailleurs et vos flanqueurs sans être obligé de les prendre dans la quatrième face, ainsi que cela se pratique aujourd'hui.

Cet ordre de bataille est la conséquence de la

maxime de guerre de Napoléon, qui a dit que l'infanterie ne devait se ranger en ligne que sur deux rangs, parce que le fusil ne permettait de tirer que sur cet ordre, et qu'il était reconnu que le feu du troisième rang était très-imparfait et même nuisible à celui des deux premiers rangs.

En rangeant l'infanterie sur deux rangs, il faut lui donner un rang de serre-files d'un neuvième, ou un par toise; et, à douze toises en arrière des flancs, il faut placer une réserve.

J'ai traité cette question d'une manière absolue en faveur de l'ordre sur deux rangs, lorsqu'elle nous fut soumise au camp de Compiègne en 1837, et c'est un de mes camarades qui l'avait traitée de même en faveur des trois rangs qui a reçu le prix.

Depuis lors, j'ai eu la satisfaction de voir mes anciens juges se déjuger eux-mêmes, en préconisant la formation sur deux rangs : il y en a même qui prétendent encore qu'il ne faut qu'une seule espèce d'infanterie, comme si cela était possible !

Avant de traiter cette ancienne question sur l'ordre profond et sur l'ordre mince, j'avais depuis longtemps fait des expériences avec ma compagnie, pour me rendre compte de la supériorité qu'on accordait aux feux de peloton et de deux rangs, étant formé sur deux rangs, sur ceux exécutés avec la formation sur trois rangs, et je fus convaincu que cette supériorité était justifiée, puisque la section que je faisais tirer sur deux rangs mettait dix fois plus de balles dans la cible que celle qui tirait sur trois rangs.

M. le général Lamarque, étonné de la supériorité des feux anglais sur ceux des Français, profita des loisirs de la paix pour se rendre en Angleterre, afin d'y étudier leurs principes de tir; et c'est après son retour que, me trouvant en garnison à Mont-de-Marsan, il eut la bonté de me confier ses observations dans les causeries militaires dont il m'honorait.

En proclamant hautement que c'est à la communication de ces observations que j'ai dû de pouvoir me permettre de traiter une question d'une aussi grande portée, je crois rendre un hommage respectueux à la mémoire de cet illustre général.

14.

L'infanterie du Wurtemberg manœuvre sur deux rangs et forme ses carrés sur deux ou sur quatre rangs, mais sans se ménager une réserve.

Les Anglais manœuvrent aussi sur deux rangs : nous ne comprenons donc pas que nous, Français, qui passons à juste titre pour avoir la meilleure infanterie de l'Europe, nous ne nous servions de cet ordre que par exception.

En agissant ainsi, c'est méconnaître les avantages de cet ordre, tant pour les feux que pour les marches en bataille et en colonne, où l'influence morale des serre-files est bien plus immédiate sur les deux rangs que sur les trois rangs.

15.

Les carrés sans réserve sont vicieux :

Puisque les carrés formés par régiment ont des réserves, je ne vois pas pourquoi l'on n'a pas encore songé aux changements à opérer dans la formation des carrés par bataillon.

APPENDICE.

Carré par bataillon, en admettant le principe de diviser chaque compagnie ou peloton en trois sections.

Le bataillon étant en colonne par peloton, à distance entière, la droite en tête et de pied ferme, lorsque le chef de bataillon voudra faire former le carré, il commandera :

1° Pour former le carré,

2° A distance de section serrez la colonne ;

3° Marche (*ou,* pas gymnastique=Marche).

Au commandement de *marche,* la colonne serrera à distance de section.

Le premier peloton n'ayant pas bougé, le deuxième serrera en masse sur ce peloton.

Le troisième peloton serrera à distance de section du deuxième peloton.

Le quatrième peloton serrera en masse sur le troisième.

Le cinquième peloton serrera à distance de section du quatrième.

Le sixième peloton serrera en masse sur le cinquième peloton.

Le septième peloton serrera en masse sur le sixième.

Le huitième peloton serrera en masse sur le septième.

L'adjudant-major, l'adjudant, les chefs de peloton, les guides et les serre-files des septième et huitième pelotons se conformeront du reste à toutes les prescriptions indiquées dans l'ordonnance.

Quant aux serre-files des premier, troisième et cinquième pelotons, ils se joindront à ceux des deuxième, quatrième et sixième, aussitôt qu'ils entendront le commandement de *halte* des chefs de ces pelotons pairs, et à cet effet ils devront passer par les flancs de ces mêmes pelotons. Les clairons, formés sur deux rangs iront se placer derrière le centre des troisième et quatrième pelotons, et les sapeurs, formés de même, se placeront derrière le centre des premier et deuxième pelotons.

La colonne étant ainsi disposée, le chef de bataillon pourra la mettre en marche ou lui faire former le carré.

Si le chef de bataillon veut faire former le carré, il commandera :

1° Formez le carré ;

2° A droite et à gauche en bataille.

Au premier commandement, l'adjudant-major, l'adjudant, aligneront les guides d'après l'ordonnance. Au second commandement, le chef de la première face, formée des premier et deuxième pelotons, l'avertira de ne pas bouger ; les chefs des troisième, quatrième, cinquième et sixième pelotons, se porteront rapidement devant le centre de leurs pelotons, et les préviendront que les sections extérieures devront se former, celles de droite, à droite en bataille, et celles de gauche, à gauche en bataille.

Le porte-drapeau se conformera aux prescriptions de l'ordonnance, ainsi que le caporal de sa file.

Le chef de la quatrième face, formée des septième et huitième pelotons, commandera :

1° Quatrième face en avant ; 2° Guide à gauche, et se portera en même temps à deux pas en dehors du flanc gauche du septième peloton.

Ces dispositions étant achevées, le chef de bataillon commandera :

Marche (*ou*, pas gymnastique = Marche).

A ce commandement, vivement répété, les deux premiers pelotons ne bougeront pas, mais les files de droite de ces pelotons feront à droite, et les files de gauche feront à gauche.

Les sections extérieures des troisième, quatrième, cinquième et sixième pelotons, se formeront à droite et à gauche en bataille, et les sections intérieures de ces pelotons ne bougeront pas.

Les septième et huitième pelotons serreront pour former le carré, et, lorsqu'ils auront assez serré, leur chef les arrêtera, leur fera faire demi-tour, et les alignera par le second rang sur les guides, qui resteront à cet effet face en tête, et prendront exactement entre eux et le guide, placé devant la dernière file de la subdivision qui est devant eux, une distance égale à l'épaisseur des quatre rangs.

Le chef de peloton le moins ancien passera au deuxième rang du huitième peloton devenu premier, et le sous-officier de remplacement de ce peloton se placera derrière au premier rang devenu deuxième. Les serre-files serreront à un pas, et les files extérieures feront les unes à gauche et les autres à droite.

Le carré étant formé, le chef de bataillon commandera : — Guides — A vos places, et à ce commandement, les chefs de première et quatrième faces entreront dans le carré, ainsi que les guides.

Les chefs des sections qui se sont formées à droite en bataille resteront à la gauche de ces sections, et leurs guides de gauche se placeront derrière eux, au deuxième rang, et les sous-officiers de remplacement en serre-files, derrière la droite de leurs pelotons.

L'adjudant-major et l'adjudant se placeront d'après l'ordonnance.

Les faces du carré seront désignées comme il suit : les premier et deuxième pelotons formeront la première face, les septième et huitième formeront la quatrième face.

Les sections extérieures qui se seront formées à droite en bataille formeront la deuxième face, et les sections extérieures qui se seront formées à gauche en bataille formeront la troisième face.

Cela fait, la section intérieure du troisième peloton (la deuxième) se portera à cheval sur l'angle de gauche de la première face ; celle du quatrième peloton se portera sur l'angle de droite de la première face ; puis celle du cinquième peloton se placera de même sur l'angle de gauche de la troisième face, et enfin la section intérieure du sixième peloton ira se placer à l'angle de droite de la deuxième face.

De cette façon, les secteurs sans feu seront bien soutenus par ces réserves qui serviront aussi à couvrir les mouvements du carré ou de la colonne, dont les faces resteront toujours intactes.

Tels sont les principes pour former mon carré avec ses quatre sections de réserve, et, comme ils me paraissent suffisamment expliqués pour pouvoir les appliquer aux autres formations des carrés de l'ordonnance, je n'entrerai pas dans d'autres détails.

Puissé-je être assez heureux pour être parvenu à démontrer la nécessité d'adopter les modifications que je propose !

FIN.

PARIS. — IMPRIMERIE DE COSSE ET J. DUMAINE,
Rue Christine, 2.